美美咨询思想库丛书

大销

TOP SALES

量生能

场生势

播生力

钱浅　王兴刚 / 著

赋能升维**超级大卖手**
打造企业**高端销售力**

SPM 南方出版传媒 广东经济出版社
·广州·

图书在版编目（CIP）数据

大销 / 钱浅，王兴刚著．—广州：广东经济出版社，2019.8
（美美咨询思想库丛书）
ISBN 978-7-5454-6777-2

Ⅰ．①大…　Ⅱ．①钱…②王…　Ⅲ．①销售－方法　Ⅳ．① F713.3

中国版本图书馆 CIP 数据核字（2019）第 168204 号

责任编辑：易　伦
特约编辑：郝常珺　宋小龙
责任技编：许伟斌
封面设计：闻伟男

大销
Da Xiao

出 版 人	李　鹏
出版发行	广东经济出版社（广州市环市东路水荫路 11 号 11 ~ 12 楼）
经　　销	全国新华书店
印　　刷	广州市人杰彩印厂
开　　本	1/16
印　　张	9.5
字　　数	83 000 字
版　　次	2019 年 8 月第 1 版
印　　次	2019 年 8 月第 1 次
书　　号	ISBN 978-7-5454-6777-2
定　　价	100.00 元

如发现印装质量问题，影响阅读，请与出版社（020—38306055）联系调换。
售书热线：（020）87395942

序　言

多年以来，一直想写一本有关销售的书，今天这本书终于和大家见面了。当然，这不是一本普通的销售工具书，而是针对培养大卖手的系统应用与内悟修炼心法。通过这本书，读者将会以研、思、修的方式领略到销售的最高境界——大销。

本书主体由"播生力""场生势""量生能"三个部分组成，很多定理、原理、法则、公式皆为作者首创。这套理论系统，填补了传统营销学关于品牌落地、存量高端用户关系系统化运营、立体销售标准化、高级销售人员如何深度进修的空白，从多个维度阐释了大销的内涵与实践。前文以68字诀讲了大销论，后面的所有内容皆为此68字诀的释义。

本书的中心思想，在于一个"量"字。销售人员成为大销者的修炼过程即是心量放大的过程，心量的大小决定了一个销售人员的能级：心量越大，能级越高；心量越小，能级越低。一个人能有什么样的成就，不取决于外在的条件，而取决于内在的量能。本书积极倡导如下观点：要想成为新时代的大销者，就必须努力打磨自己，不断进取，存善念、修善能、施善行、讲善言、观善面、习善识，结良师、交益友，以好的产品帮助别人，以用户满意快乐自己！

本书中的很多文字皆反复揣摩而得，须反复阅读和咀嚼、长期深思与觉悟，方可得其真意。知者易悟，昧者难行，诵读万遍，妙理自明。本书就似一盆热气腾腾的火锅，善品者能得其前味、中味、后味，每一味亦可分三层、三段。

坚持理论系统的构建，坚持实践的真知灼见；赋能升维超级大卖手，打造企业高端销售力——此书所有内容皆来自实战，并在实践的基础上总结与深化。愿此书之能量可以传递给更多的人，为所有在销售路上实现自我突破的大卖手提供进步的阶梯，为因低附加值而挣扎于流量泥潭中的企业指点迷津。

希望每一个销售人员都能看到这本书，并有所感悟，找到事物的内在规律，创造事物发生转化的外部环境，取得更大的业绩成果，最终实现从推销模式到与用户达成超级关系的跨越式进步。

谨以此书献给所有的读者！

钱浅、郭秀宽、王兴刚于北京

2019 年 3 月 26 日

推荐序一

成功不能复制，智慧可以传承

初读此书，《大销》书名让人耳目一新。

细细翻阅，发现这不是一本写给初级销售人员的书籍，也不是写给普罗大众的书籍，它适合销售经验与功力达到一定段位的人士阅读。

《大销》这本书，文风严谨、逻辑清晰、观点新颖、结论深刻，与市场上常见的经营管理或市场营销类的书籍迥然不同。

传统的营销理论从4P，即产品（Product）、价格（Price）、渠道（Place）、宣传（Promotion），已经逐渐演变为4C，即Customer（顾客）、Cost（成本）、Convenience（便利）和Communication（沟通）。《大销》这本书从播力、场势、量能的维度出发，重新阐释了销售的定义与层级。

当今社会科技高速发展，经济形态演变日新月异，企业成长过程也如履薄冰，现金流和资金链永远是决定企业生死存亡的关键。无论是售卖产品还是吸引投资，营收都要靠销售来实现。远看三步，深想一步，快行半步，每一位销售人员需要抓住本质、遵循常识、聚焦关键，不断提升自己的量能。作为销售人员，决定最终成就的是格局与心力，有多大的胸怀，就有多大的事业。

本书作者之一郭秀宽是我的学生，希望美美咨询能够在美业持续深耕，去帮助别人，快乐自己。成功不能复制，智慧可以传承。愿《大销》这本书能够给众多销售领域的从业者带来更多的启迪与思考。

是为序。

亚杰商会会长 / 清华大学教授　徐井宏

2019 年 6 月 26 日

推荐序二

检验与精进

1985 年，我加入惠普（HP）公司没多久就被安排参加销售培训。从销售培训的事前阅读中，我开始了解销售。其跟我原来想象的并不一样，其是一种科学而有计划、注重人性的社会行为。

经过老师课堂上的指导及跟同学在课堂中的互动和角色扮演，我体会到销售是用简单的方法做好有众多变量的“满足客户需求”的复杂过程。随着在公司服务时间的增加以及职位变动，我经历了不同种类的销售相关培训，接触到如何同时面对不同职务的多客户、多部门，面对一家公司，甚至多家公司做共同决定的销售方法。

惠普公司的产品线非常丰富，有上千种，包括电子仪器、化学仪器、医疗仪器；大、中、小型计算机和功能不同的电子零件；还有不同的技术服务产品、教育服务产品和顾问咨询产品。销售对象包括个人、国内企业、跨国公司、教育机构、研究机构、各级不同政府等。

在微软和思科系统公司所要面对的客户比在惠普多。为做好工作，满足客户，需要创新。虽然面对的是很具挑战性的工作，但可以期待和最后收获的是更大的成就感。

美美咨询的钱浅、郭秀宽和王兴刚三位，以他们在美业垂直行业的多年经验整理出在销售工作上的系统应用和内悟修炼心法，希望能帮助读者以研、思、修的方式领略到销售的高端境界。

美业和民生活动关系非常密切，可以说是最接地气的产业之一。除传统的生活美容服务外，消费者对医疗相关美容服务项目的自发需求和国内外的创新刺激，带动了整个美业的蓬勃发展。美业从业人员面对快速发展的环境，很难靠自己的力量跟上产业成长的需求。美美咨询应运而生，随着产业发展，适时适地扮演“中国美业麦肯锡”的顾问咨询角色，协助美业公司在经营管理、业务发展、流程设计，以及和国内外技术对接上提供协助，在荏苒的时光中，美美咨询成为行业的领头羊。

钱浅、郭秀宽和王兴刚在提供给客户的服务中，检验他们学习和整理的内容，也从跟客户的服务互动中，精进他们对行业中各项管理、流程和策略规划的能力。透过《大销》的汇整，读者能从书中学到的，也是美美咨询美业专家们数十年的功力和心得体会。

前微软与思科中国区总裁　杜家滨

2019 年 6 月 25 日

推荐序三

我是一个销售老兵

精读完《大销》，我第一时间想到了最近一直在读的一本书——《大学》。“大学之道，在明明德，在亲民，在止于至善。”“物有本末，事有终始，知所先后，则近道矣。”

《大销》抓住了销售之道，从“道”的层面来阐述超级销售的本质——初心和使命。

我是一个创业12年的老兵，也可以说做了12年的销售，从事过外贸，做过电商，有自己的创业平台，最后进入大健康产业，创立了“脂老虎”等品牌。可以说，每次创业都让我对初心和使命有新的认识。我个人的经历告诉我，不同的初心会带来不同的结果。

不管是销售还是创业，初心都可以分成三个层次：利己、利他、利众。

我的第一次创业，就是带着完全利己的初心，想赚自己人生的第一个100万，结果血本无归，负债累累，成为“负翁”。第二次创业，我放下自己要赚多少钱的念头，开始有了利他的初心，就想把事业做得好一些，不要辜负了一起创业的兄弟们的信任，最终打造出一个年销售额数十亿元的企业，并且和上市公司进行了整合。第三次创业，我秉持希望帮助百万创业者实现梦想的利众的初心，结果仅仅用了4年的时间就取得了超越以往的成就。

发心的起点决定终点。一个销售人员，是否能够成为大销者，成为超级销售人员，在他起心动念的那一刻，其实就已经决定了。

一个大销人员，一定是一个有大爱的，无我、无求的利他者。当今社会，越来越多的销售人员以利己为第一出发点，这恰恰违背了销售的本质。

只有那些心中想着利他和为客户创造价值的人，才有可能成为大销者，而《大销》这部作品，对销售人员来说，毫无疑问是最佳指南。

美美咨询是百 e 集团的战略顾问，我们往来颇多。在此，祝《大销》“不销而销”。

百 e 集团（脂老虎）董事长　黄冰

2019 年 7 月 8 日

推荐序四

大道之行　一缕馨香

钱浅先生说："世界和我们之间是一堵墙，墙和自己之间是一盏灯，灯和自己之间是一本书。"眼前的《大销》，在光影之下散发出一缕馨香，令读者闻香识道，内修外化。

本书定名为《大销》，而不使用"销售"或"营销"等，作者是有自己独特的考虑的。作者认为，成为大销者的过程是一场修炼，以播、场布局，成就"大量"；欲为大销者，必为大心量之人。要成为大销者，固然需要掌握销售的技巧手段、方式方法，但更需要有更高维度的认知和修行。

本书以美美咨询数万个实战案例为基础，剖析近百个超级大卖手的特性，自始至终贯穿着中国文化中的"道"，深入浅出、全景式地阐述了对销售的见解，提出了独树一帜的"三修三生大销论"，并辅以大量独创的定理、原理、法则、公式作为支撑。书中的论述入情入理，许多原本看似深奥的道理，在被作者以虚实结合的方式勾勒之后，变得透亮明晰。

销之大，在于人；人之大，在于量。

此书必将在读者心中激发出生生不息的原动力，助其建造宏伟壮阔之场，形成蓬勃盛大之势，以正生量，终成大销者。

在这个美业大时代，愿与各位美业同仁们一道，开大视野、明大智慧、挑大担当、展大抱负、创大格局，推动美业共同体的建设，创造美业人的幸福未来。

娇莉芙集团总裁　范笠军

2019 年 7 月 5 日

推荐序五

大销者　知行合一

有幸先睹《大销》，翻阅后，有如获锦囊之感。

《大销》以“播生力”“场生势”“量生能”三大主题开篇，带出上乘的销售心法。全书不以“术”为重，而是强调“道”的劲与势。

本书公开了销售的上乘心法，可为改善美业销售的现状提供思路，并为之赋能，告知他们如何成为大销者，如何培育超级客户群，堪称超级销售员的修炼宝典。

我在20世纪末加入美业，也开始了创业的旅途。在整整20年的历程中，我见证了中国美业的快速发展。美业的发展经历了四个阶段：起步阶段、快速增长阶段、稳定发展阶段、扩大竞争阶段。

美业是一个非常特殊的服务行业。美业是以审美为目的、以美学理论为基础、以艺术为指导、以医学为主要手段、以市场为导向、以法律为保障的综合体系，作为服务机构，我们应该更注重服务的场景模式和服务的内容品质。我们应该用“道”来理解美的哲学，为行业开创新局面。

古语有云，“当局者迷”，但作者似对中国美业深隐的运行规律了如指掌，其出版的《大销》，对美业运营回归本质有及时的、现实的指导意义。很多人都在“格”美业这个“物”，许多人也自信已“致知”，但其实仍处于迷茫中。希望本书的出版，能在美业中，再树“格物致知，知行合一”之风。

连天美医美集团总裁　陈珍荣

2019 年 7 月 17 日

推荐序六

突破重重阻碍的一束光芒

初识钱浅老师是在 2014 年的“美美 A 计划”，当时感觉钱浅老师在台上给我展开了一幅美好的智慧画卷，我的大脑在智慧的海洋里应接不暇。钱浅老师给我的第一印象，是一位拥有大智慧的得道者，拥有超前、超凡、超脱的思维模式，从不局限于解决当下问题的方式方法以及策略之中，而是站在更高的角度和格局上，抓住问题的核心，找寻背后的规律，运用整体思维来进行未来的规划。

美美咨询给行业内很多企业进行过规划，也帮助过很多企业走出困境，从而发展得越来越好。这不仅得益于美美咨询超凡脱俗的思维模式，更因他们心中永存大爱：有对于行业的热爱，有对于引领行业发展的责任。带着热爱和责任，他们不停地向前探索；因为热爱和责任，美美咨询能及时把握住行业发展的大势，准确地取势、明道、优术，从而准确地创造市场、开拓市场。

当今市场竞争日益激烈，销售环境越来越复杂，产品差异越来越小，用户越来越成熟，用户需求越来越复杂化和个性化，传统的销售方式和销售手段已很难适应如此复杂的环境。《大销》带给我们的，不是销售方法，而是真正的修行之道，也是突破重重阻碍的一束光芒。

修行之道是漫长而宁静的，是逐步深入的。初读《大销》，很多需要深度揣摩的点是需要慢慢琢磨的。于是我静下心来，开始了第二次的探索。这一次，因为内心是宁静的，我感受到了太多直击心灵的大销之道。一切的始发点都源于自己的内心，大销者拥有无我的大胸怀、大格局和大量能。我接收到了《大销》带给我们的量能，也感受到了美美咨询之所以能在这一行业不断探索和深耕，是因为他们的胸怀与格局，因为他们将其当成了一场修行。

销售是一门科学，是有章可循、有法可依的；销售是一门艺术，是千人千面、千变万化的。而作者告诉我们：归根结底，销售是一场修行，是唤醒量能、放大心量的过程，大销更是对量能极致的追求。

此书值得反复品读、琢磨、推敲，推荐给每一位热爱和追求事业的朋友。大销者有大格局。大销，始于势、陷于绪、忠于信，是一条不断攀登人生高峰的修行之道！

华夏良子集团董事长　史蕾

2019 年 4 月 16 日

目录

Contents

第一篇

大销源起

销售是门学问，超级销售是门大学问。在新时代、新环境、新商业之下更是如此。

这门大学问，绝对不是创造什么噱头，而是回归销售的真正本质，令用户身心满足。一般来说，产品只能解决用户的生理需求，而销售能满足用户的心理需求。

在市场竞争日益激烈的今天，产品自身的差异越来越小，用户越来越成熟，用户的需求越来越复杂化和个性化，传统的销售方式和销售手段已很难适应如此复杂的境况。时代呼唤更多超级销售者即大销者的涌现，这将对社会的进一步发展起到十分重要的意义。

《大销》写作的第一个目的是帮助销售者实现自我的蜕变。这个蜕变以改变传统销售的价值支点来打破天花板，从用户的角度来捕捉需求原点。它辅导销售者如何从人性的维度来把握消费；如何用进化的逻辑构建新用户关系；如何用种子的力量来放大用户需求，让用户认同溢价，坚定未来图景；如何运场生势，锚定普遍用户的心智与感情经验；如何以销售者内在量能的修炼来产生销量的无限放大，进而实现销售者的层级晋升。

《大销》写作的第二个目的是以销售创新打破用户的内心障碍，重建用户认知，进而满足用户更高的需求，以此提升用户的幸福指数。

好的公司满足需求，而优秀的公司则创造市场。运用大销的逻辑，不仅能够构建内核，更以外延来突破生产观念、产品观念、推销观念、市场营销观念、社会营销观念，将用户大脑中的生产线搬到现实中来，以身、心、灵的更高层次满足用户的需求，获得买卖双方的共鸣。

《大销》写作的第三个目的是传播整合销售的理念。以深度、多维、小数据应用为中心，通过整合，则万物皆为之销。大销所创造的教育娱乐化、全场景仪式感、分层互动式销售、个性化人格式销售，乃至对未知领域的探索和挑战，对现代商业的进步发展起到积极的推动作用。

《大销》写作的第四个目的在于其普遍应用——大销者崛起

对中国经济发展起到了推动作用。大销者推动销售效率的提高，可以帮助企业腾飞，创造更多的成果。企业强则国力强，“侠之大者，为国为民”，祖国的经济发展建设离不开那些大销者的努力，这些栋梁推动了国家的繁荣与进步，提升了民族品牌的地位与尊严。

《大销》写作的第五个目的是大力推广文化销售系统，因由众多文化销售系统的创新，对现代商业文明进步提供助力。

以文化赋能销售，以销售反哺文化。每个企业销售文化的历史积淀都是商业文明进步的足迹，商业文明的历史需要大销者们共同书写。大销者的努力，就是在打造好产品和好服务的基础上，通过双方的认同，达到与用户心灵相通，让这个世界变得更加美好。

第二篇

大销视角

进入销售这扇大门之前，我们都是一样的普通人，我们都曾走过一段艰辛而漫长的道路。

为什么当你拼命推销时，收到的往往是用户的戒备、反感和极低的成交率？

——我们强逆商的勤奋总是成为驽钝、低效的代名词。

为什么用户都有自己的想法，他们的问题总是出人意料？

——我们永远说服不了用户去立即选择购买我们的产品或服务。

为什么企业更多的是通过优惠、打折、降价去拉动销售业绩？

——我们很难去创造更高的品牌溢价与产品增值。

为什么企业当下的存量用户少之又少？

——我们不能与用户建立持续而亲密的关系，乃至让用户自发地帮助我们推荐其他用户。

为什么用户只能从性价比的角度去决策是否购买我们的产品？

——我们不能在产品线上不断进行购买升级，让他们持续消费。

为什么用户很少选购我们的高端产品？

——我们无法以销售系统的突破攻破“以一抵百”的超级用户消费的牢笼。

为什么我们创造不了用户心智改变的大环境？

——销售人员缺少“武器”，只能单枪匹马上阵，销售达成只能凭借一己之力。

为什么用户对我们的认知与我们对自我的认知完全不同？

——用户之“信”异轨殊途。

为什么用户没有忠诚度？

——昨天还笑脸相迎，今天就冷若冰霜，恍若路人，甚至在不经意间就逃离了我们的视线。

为什么卓越的销售人员难以复制，而且大浪淘沙，所剩无几？

——销售人员只能适用“二八定律”，我们更不能在比较短的周期内打造一个高效的销售团队。

为什么销售人员在销售时障碍重重，内心充满恐惧，缺少勇气，甚至连拿起电话都觉得如履薄冰？

为什么销售人员在销售时大都心存侥幸，毫无力量，只能靠高额奖励来获得短期的欢愉？怎样才能让我们在销售的过程中内心正气凛然，持续充满喜悦和能量？

在南美洲亚马孙河流域，一只热带雨林中的蝴蝶偶尔扇动了几下翅膀，两周后，在美国得克萨斯州就掀起了一场龙卷风。这就是蝴蝶效应的经典表述。销售的“蝴蝶效应”究竟在哪里？它一定起源于销售者的立场。因此，当以上令我们困惑的种种问题出现时，答案往往只有一个——视角。

其实，我们并不需要去改变外在，我们只需要改变自己的视角，进入用户角色，当这一刻来临的时候，我们会发现整个世界都变了。

站在这个视角之上，我们和用户已融为一体。视角的改变，重新定义了用户和我们的关系，改变了传统推销的基本逻辑，构建了立体销售的维度。这个视角，我们称之为大销视角。

大销者找用户的原生买点；
普通销售者讲产品的卖点。

大销者从人性出发，满足人性；
普通销售者售卖产品。

大销者以用户关系创造超级用户；
普通销售者以售后维系重复购买。

大销者在用户心中播下需求生长的种子；
普通销售者只为当次目标达成。

大销者创造价格之上的价值；

普通销售者喋喋不休地比对价格上的优势。

大销者描绘未来的图景；

普通销售者呈现赤裸的当下。

大销者由场生势，万物皆为立体销售所用；

普通销售者单枪匹马逞匹夫之勇。

大销者以情匙开启用户的内心世界；

普通销售者以卖点销售产品。

大销者以环境改变用户的信任与认知；

普通销售者积沙成塔达成结果。

大销者以量生能，在超级销售中得到喜悦的滋养；

普通销售者收割用户智商，在惶恐中难以持续。

大销者以大智慧达成超我；

普通销售者在浑浑噩噩中投机取巧。

大销者履行终极使命；

普通销售者随波逐流。

立场一变，顺、逆皆变。

这个世界就是这样，一些人在昼夜不停地修炼，而一些人直到起床时才发现窗外已然是另一个世界。

第三篇

大销歌诀

第一章　大销论

销售从表象来看是企业实现业绩成果的最终呈现，但从内在来分析，则是企业与用户沟通和交付的全过程。

大销，即超级销售，是文化型销售的更高境界。大销以洞察、觉悟、行意为逻辑内核，从意识、人性、关系的立场着眼，运用“播生力、场生势、量生能”的立体销售系统，在打造极致产品，创造品牌溢价，扩张用户需求，构建流量池，优化业务流程，设计终端模型，提高用户满意度，升级销售工具，强大销售人员内核等方面进行理论探索和创新，帮助企业实现飞跃。

在用户管理这一领域，在互联网思维泛滥的当下，流量理论被过度解读与盲目崇拜。但事实上，行业渗透率的增加才是企业规模化的前提，企业的存量用户才是企业成本的第一要素，高附加值产品针对深存量用户的关联开发才是企业毛利率的第一保障。

大销正是基于对该领域的不断实践与深度思考，力图以新的用户管理逻辑实现关系运营，为企业增效。对于现代企业来说，创新的用户管理系统成了企业的核心竞争力之一。

传统的营销创新大都基于品牌管理与驱动的理论。但在新环境下，由于信息泛滥与传播渠道的过度分散、产能过剩、产品同质化严重、品牌概念独占周期缩短等原因，要想用巨资砸出一个新的强势品牌已经难上加难，所以只靠品牌驱动不具备推广、应用的普遍意义。大销更强调互动营销——用户动起来、企业动起来。不仅要自动，更要互动；不仅要行动，更要心动。在动的过程中完成传播，在动的场景中占据用户心智，在动的参与中达成大宗交易，实现用户利益最大化，践行更实效的高端营销创新。

在我们可以找到的书籍中，关于销售人员学习与进步的阐述大多停留在“术”的层面，可在现实中，并不缺少那些运用技巧与方法达成小结果的销售人员，我们缺的是大卖手。

何为大卖手？大卖手们普遍以盖世英雄的形象存在，他们可以在成就自我、成就团队、成就企业、成就行业、为国家担当重任的诸多方面做出突出贡献。一个真正的大卖手，不仅仅能通过个人能力来培养超级用户、实现大成交、谈成大合作，更能改变用户的认知并建立前所未有的高阶用户关系，实现全团队的销售管理，设计出以播、场为布局，以销售当量为标准化运营的亿级大成交系统。

大卖手之大，在其“量”，有了这个“量”，就能企及无求、大爱、超我的大销能量境界。他们也将逐步从一个普通人修炼、升华为一个超能人，并在这一自我晋级的历程中构建出独有的大销智慧。

结合理论系统的探索与创新，结合长期卓有成效的实践，美美咨询在此提出如下“三修三生大销论”理论系统。

三修三生大销论

第二章　大销歌诀

【68 字诀】

大销。

察悟意，洞觉行。

播场量，力势能。

播生力，场生势，量生能。

力所立：需之求，价之值，愿之景。

势至强：临、兵、斗、者、皆、阵、列、前、行。

能无界：无求，大爱，超我。

大销歌诀：行意合一，外王内圣。

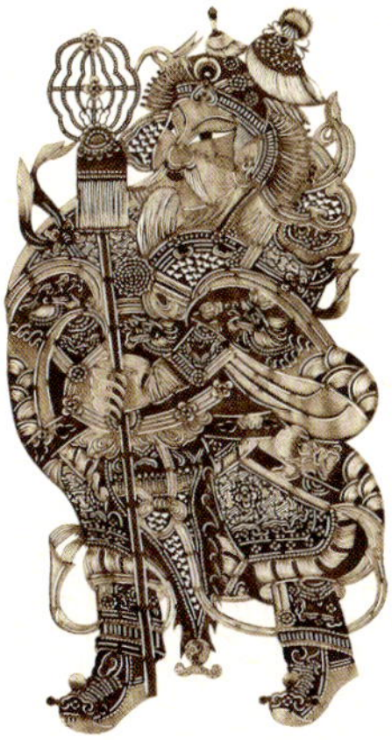

第四篇

洞察、觉悟、行意

察悟意，洞觉行。

洞察、觉悟和行意是大销理论的内核，也是大销行动的开端。

《道德经》第三十三章有云：知人者智。洞察、觉悟和行意的第一个部分是洞察。这个洞察完全有别于普通的用户调研分析，而是要彻底地改变自己的视角，进入用户角色，和用户融为一体，从用户的生活状态与消费轨迹找到其消费的底层逻辑，由此捕捉到用户消费潜意识的原点，即原生买点。抓住了这个潜意识，我们就可以有的放矢，建立起一条贯穿整体的线索。

始于原点，但不为原点所困，洞察、觉悟和行意的第二个部分就是觉悟。我们必须觉悟到站在思想高地之上，认识“商业的本质是让人性得到释放”的要义。从深层人性来看，大多数人是一种以自我为中心的生物，在每个用户或者群体坚硬的外壳下都有一个追求极致生活的梦想。只要能够利用人性去不断地创造梦想，我们在强化、激发用户极致需求的道路上就会畅通无阻。

洞察、觉悟和行意的第三个部分就是行意，即行动与意念合为一体。为什么在销售中行动与意念可以合为一体呢？因为它们最后的汇聚点只有一个，那就是“关系”。换句话说，我们所做的一切都是关系运营，播力、场势、量能的最终目的就是以关系进化推动用户不断进阶，最后成为超级用户。

第一章　大销即意识

原点法则：原点，即原生买点（潜意识）。

莱布尼茨说："世界上没有两片完全相同的树叶。"用户洞察要求我们彻底地改变自己的视角，进入用户角色，和用户融为一体，从用户的生活状态与消费轨迹中找到其消费的底层逻辑，捕捉到用户消费潜意识的原点。

原点法则抓住了购买动机（即痛点）的本源，通过这个本源销售方式，捕捉用户的潜意识、培养用户的潜意识，于是，放大用户的潜意识就成为可能。从该原点放射出纵线与横线，在纵线上，我们通过痛点放大，可以让用户消费无限升级；在横线上，我们可以强化情感链接，让用户的忠诚周期持续延长。

黑格尔说："熟知并非真知。"通过用户洞察看到的往往是更深层的意识。用户在购买商品时，其消费的底层逻辑大多不在于商品的属性、特性，而在于该商品所带来的生活方式的印证、存在状态的印证及关系程度的印证。这也揭示了以下问题：为什么迷粉用户会持续追捧某一质量不佳的品牌；为什么收藏家会钟情某一品类；为什么高端用户会聚焦于某一需求，并有持续消费升级的行为；为什么用户在某一方面消费十分夸张，而在另一方面又十分吝啬；为什么有些用户的超级消费令人瞠目结舌。

企业的动销问题总是令我们困惑（商品动销率 = 商品累计销售数量 ÷ 商品库存数量），我们一般会从企业的角度出发去解决。事实上，推力的作用远远不如拉力。企业产品的动销能力由用户需求决定，需求的内核就是用户的原生买点。换句话说，用户买了东西和用户喜欢用买了的东西其实是两码事，而用户的喜欢往往从你懂他和好产品开始。

当然，现实情况往往并非如此。很多时候，我们努力打造极致产品，但用户的兴奋期却十分短暂；很多时候，我们大力宣传产品的卖点，但它们并非用户的买点；很多时候，在销售的过程中，用户和销售人员谁的话说得多，产品最终就归谁。传统的销售，很多时候做了大量无用功。

当年周鸿祎在复盘搜索业务失败的原因时，就一度认为失败的根源是自己把 3721 卖给了雅虎，而自己在雅虎又束手束脚，这才输给了李彦宏。实际上，周鸿祎当时对用户关于搜索需求的认知全面落后于李彦宏，比如他不愿意打硬仗、不愿意打重型战役，不愿意大规模投入研发、不相信算法的力量等。这些要素现在看来都是用户对于搜索业务的基本要求，但周鸿祎当时根本没意识到自己失败是因为不懂搜索，没有洞察用户的底层逻辑，在意识方面离用户太远。

一家企业是做无中生有的事，还是做有中生有的事，决定了其处于哪个能级。

用户潜意识的消费原点总是藏得很深，不容易找到，但一旦被你找到，其持续晋级消费的潜力就有无限开发的可能。掌握了这个诀窍，刚需就无处不在，无处不可生发。所有这些对意识的理解，都来自洞察。

居里夫人说："弱者等待时机，强者创造时机。"

第二章 大销即人性

对用户的觉悟，就是对其人性的觉悟。

用户的行为由其内心接纳的思想支配，占据用户的心智，并非只限于传统的用品牌定位来区隔竞争，更在于利用销售系统让人性得到释放。人性的利他性、人性的竞争、人性的懒惰、人性的傲慢、人性的脆弱、人性的冲动、人性的贪婪、人性的虚荣、人性的贪图小利、人性的从众等都是人的原始本性。人性的释放，就是尊重用户的原始本性，满足用户的原始本性，激发用户的原始本性。当用户的人性得到释放、原始本性被激发的时候，我们也一并激发了用户的极致需求，同时进入“棘轮效应”，即人的晋级消费习惯一旦形成就具有不可逆性。

阿基米德说：“给我一个支点，我就可以撬动地球。”大销的支点在于策略的设定基于人性的释放。

2010 年 3 月 4 日成立的美团网，通过 8 年多的时间在港交所上市，市值达到 3989 亿港元。美团网的宣传口号是“吃喝玩乐全都有”——王兴把人和服务联结在一起，为用户发现值得信赖的商家，让用户享受超低折扣的服务；为商家找到最合适的用户，为商家提供互联网推广。其商业模式在本质上满足和激发了用户人性的懒惰、贪图小利、从众等原始本性。

2012 年 7 月，张小龙在腾讯内部做了 8 小时 20 分钟的演讲，178 页的 PPT，他一直滔滔不绝地讲，根本不给人提问和打断他的机会。他谈到哲学和艺术，谈到性和暴力，基于对人性的理解，他说做产品就是要让用户爽，让用户像上帝一样。次年 1 月，微信用户数突破 3 亿。演讲片段在网上被无数人传阅，并成为移动互联网上跟雷军语录一样重量的产品圣经。至此，张小龙或主动或被动地完成了自己“微信产品教父”之路。

尊重用户的原始本性、满足用户的原始本性、激发用户的原始本性，是一个大销者需要不断升华的觉悟能力，更是一家企业能够持续占有用户的本事。

唯有打破常规化的思维，才能创造非常规的收益。

大销即人性。

第三章　大销即关系

行意，即行动与意念合为一体。行动与意念的汇聚点就是用户关系运营。

用户关系运营，主要指存量用户的关系运营，其为企业提供全方位的管理视角，提供最大化的用户收益率。它基于互联网技术大数据下的多维小数据应用（CRM），利用个性化定制的产品服务模式、环境手段、用户关怀等建立用户满意度，实现企业与用户之间在销售和服务上的高黏性交互，扩大重度用户规模，促进用户关系持续升级，进而创造超级用户的管理系统。

用户关系管理常见的表现形式有按消费等级、资历等级、关系等级等进行深度关怀管理，以及在销售上的分层、分类、分时、分段开发。

用户消费升级的过程就是我们与用户关系进化的过程。通过多年的实践与研究，我们把用户关系进化的阶梯进行如下图所示的阐释。

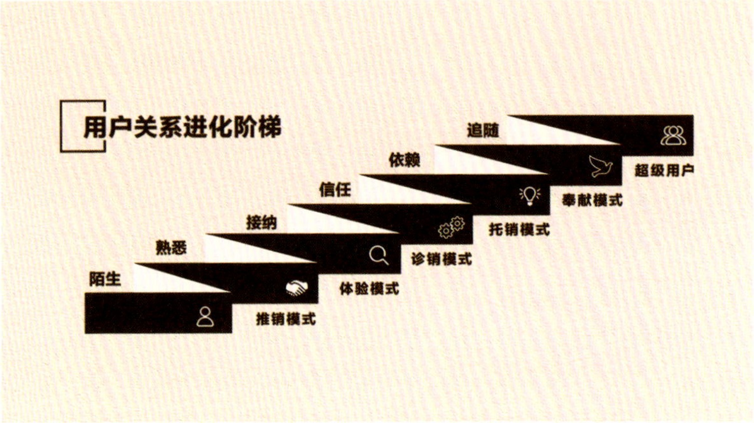

用户关系一般受三个因素影响，包括播力、场势、量能。它们像一只无形的手改变着用户的认知，推动用户从陌生到追随、从推销模式到超级用户关系的自动晋阶，最终实现企业核心竞争力的提升与市场占有率的增加。

大销即关系，行动与意念辩证统一。

第五篇

自然法则

播场量，力势能。

播生力，场生势，量生能。

大销遵循自然法则，它们分别是：播力、场势、量能。

播力是在用户心中播下强生命力的“需求种子”。

场势是创造“超级消费”的水和土壤。

量能是大销者“能量生发”自我成长蜕变的阳光。

第六篇

播生力

总论　播力画布

力所立：需之求，价之值，愿之景。

在规划落定之后，大销行动的第一步就是“播”，由播生力构成播力。播力是在用户心中播下强生命力的“需求种子”。这个生命力的强弱立于三个方面：

第一个方面，需求潜意识的原点；

第二个方面，产品或项目的深层价值；

第三个方面，美好愿望的达成与图景呈现。

播力一旦形成，购买之因会在用户内心自生自长，永不消失，达成成交，直至循环。因此，大销之前必画像，以画布画出需求之外的需求，价格之上的价值，未来之现在的图景。

《孙子兵法》有云：不战而屈人之兵。

思考题：

（1）如何从你的角度理解播力？请举例说明。

（2）需之求、价之值、愿之景，它们的内在逻辑是什么？

（3）如何从播力的维度为目标用户画像？

第一章 需求之外的需求

需求决定价值。

用户最深刻的需求一定不是来源于他的口，而是刻于他的内心。

一、找到用户需求的原点

原点即原生买点，是高层级的大销之播力立于需求之外的需求。该需求源于用户的洞察，通过洞察，我们能从用户的消费轨迹中找到其消费的底层逻辑。找到它，往往就能捕捉到用户消费潜意识的原点。这个原点，一般来自其生命特定事件的投射，也是其潜意识做重大购买决定的“种子”前置物。找到它，并通过产品项目进行链接、融合，把它变成一条导火索，按下原点“开关”，它就开始在用户内心不断爆炸、膨胀。

需求之外的需求才是购买的真正动机，也是你为用户植入的消费生命力。

二、找到用户“被需求”的原点

创新只因高需求，大销即销售的创新，所以要创造更高阶的需求，找到用户更隐晦的甚至连其自身都没有认知的消费原点——被需要。用户的潜意识里都有“被需要”的需求，且对需要自己的人产生依存感。这种依存感会让用户产生幸福感与满足感。让用户幸福是满足用户需求之外的需求，这是大销者与生俱来的使命，其在不断的角色转换中，游刃有余。

购买沃尔沃轿车的用户潜意识中都有一个原点，这个原点就是他认为汽车不是一种安全的工具，而是具有较大的危险性。这个底层逻辑来自生命特定事件的投射，并变成了这些人的潜意识。找到这个潜意识并通过产品、项目链接、融合，其就变成了一条导火索的前置物，这也是用户在代步需求之外的购买动机。按下这个“开关”，就是要强化和深化这个“汽车不安全”的潜意识，将其变成用户心中具有较强生命力的“种子”。

探寻需求之路并无捷径，只有在百转千回中找到用户的原生买点，播下“种子”，惊喜才会在前方等你。无论是赏心悦目的生长过程，还是最后实实在在的交易，用户从中获取幸福的关键都取决于一个事实，那就是用户必须首先满足自己情感或心理上的一些更为重要的隐性需求，诸如对理解、宣泄和尊重的需求等。构成最终成交的买点并非物质上的或审美上的，而是植于心灵上的。

“种子”在心灵上生长的过程可能很漫长，然而值得等待。

思考题：

（1）分析自己的原生买点带给自己的超级消费行为。

（2）深度解读自己的十个大单消费用户背后的原点法则。

（3）分解自己所经营产品的原生买点。

（4）总结自己所定位目标用户的底层消费逻辑，找到需求之外的需求。

（5）如何按下种子“开关”？

第二章　价格之上的价值

依照播力理论，种子一旦形成，就有了破土而出的愿望，而这一愿望一经放大，必将长成参天大树。

购买价值法：价值决定价格，价值的变动是价格变动的内在支配性因素，是价格形成的基础。

产品的价格由价值决定，大销达成的价值不仅取决于产品本身，还取决于用户内心对产品进行判断和衡量的价值观。大销，首先区分了价格与价值的概念，以价值观的转移和改变来驱动用户行动，以价值的放大来带动价格的变动。当大卖手达到这一量级时，将会毫无价格障碍，最终成交的额度与用户购买力有关，与其他任何因素无关。

产品能够满足用户的价值究竟在何处呢？

一般来说，用户真诚地表达对于产品属性、特性的需求，并不在于产品本身，而是该产品带来了生活方式的改变、存在方式的改变、原来关系程度的改变。价值带来的利益远远大于价格因素，大于任何物质形态，是定义自身存在的核心概念，也是自我实现的本质。

改变用户消费价值观的六步法：

第一步，进入与判断；

第二步，接纳与影响；

第三步，打破；

第四步，重建；

第五步，升华；

第六步，升级产品的项目与价格匹配，获得用户的价值再认同。

我们可以这样思考：从价效比的角度来看，你一定无法理解高端产品的价格；但从价值角度来看，它们充满了价值。

首先，对于中产阶级，它解决了身份识别、自信建立的价值问题；对于高收入阶层，它解决了自我确认的价值问题。

其次，对于爱情，它呈现了情感程度的判断；对于婚姻，它呈现了牢靠不变的承诺价值。

再次，对于希望彰显美感的人而言，它提供了更多的品质可见价值。

最后，对于追求个性的人群而言，它创造出了独一无二的价值。

商品只有当用户认为其有价值时，才有价值。

大销者的人生，因其付出多大努力而具有多少价值。

思考题：

（1）你为自己的产品创造了多少价格之上的价值？

（2）用沙盘推演用户消费价值观的改变六步法。

第三章　未来之现在的图景

大销者会从看似渺茫之岭，辟出一块希望之石。

苏格拉底的父亲是一位石雕师傅。在苏格拉底很小的时候，一次他父亲正在雕刻一只石狮子，小苏格拉底观察了好一阵子，突然问父亲：“怎样才能成为一个好的雕刻师呢？”“看！”父亲说，“以这只石狮子来说吧，我并不是在雕刻狮子，我是在唤醒它。”“唤醒？”小苏格拉底疑惑地问。“狮子本来就沉睡在石块中，我只是将它从石头监牢里解救出来而已。”他的父亲说。

对于同一件事物，站在不同的高度和不同的视角上观察，所理解的和所看到的完全不同。普通意义上的销售，将销售人员与用户分为主体和客体，本质为对立的关系；而大销则以播力的第三重境界——愿景，将两者合为一体，本质是统一的关系。

未来之于现在的图景，是大卖手和用户共同创造并认同的、对未来所向往与追求的愿望之情景进行清晰刻画，唤醒用户聚焦于一个核心焦点上，以方向性的长程导向破解混沌，相互引领、影响、激励，不断前进，最终达成宏大的目标。其如同黏合剂，将未来的目标和现在的力量凝聚在一起，将“种子”的获取与价值观的评定从抽象转为具象，将信念与梦想合而为一。

未来之现在的图景是大销智慧的体现，是大销者给予用户思想与视觉的盛宴，是用户当下的体验。其以外部的场势作用让用户自动生发，看到自己未来的样子、状态和存在的方式。

大销所构建的未来之图景，布局全过程，进行时空转换，通过未来的画面清晰可见地赋予当下更多的力量；未来之图景，鲜活、有形，使用户目标清晰、明确，消费信心无比坚定，并且内心充满愉悦的期待。

大销者，站在未来看现在。

何为“播生力”？需之求、价之值、愿之景，谓“播”。它们三者之间有起有止、融会贯通、相互作用，共同构成大销的先导之力。

思考题：

（1）评估自己的销售视野。

（2）如何应用立体思维构建自己的大销境界？

（3）请用 1000 字为自己的一个重度用户进行愿景规划。

第七篇 场生势

总论 场势

势至强：临、兵、斗、者、皆、阵、列、前、行 。

场，物理学家认为，动能应该存在于场之中。

势，一切事物力量表现出来的趋向。

大销理论认为：由场生势构成场势，场势以强度进行评估。

《孙子兵法》有云：“故善战者，求之于势，不责于人，故能择人而任势。任势者，其战人也，如转木石。木石之性，安则静，危则动，方则止，圆则行。”

在大销理论系统当中，播力是指种子，场势即为水与土壤。

我们有了种子——需之求、价之值、愿之景，可以从根本上催生、放大、显化用户的购买意愿，但并不能达成百分之百用户的实景交付。而只有以场生势、以势造局，才可铜围铁马、势如破竹。

大销行动的第二步就是造场与运势，因为在特定的场势中，人们的态度往往更加积极、热情，更容易接纳新事物。如果我们能够设定一个特殊的环境，营造一种气场，以气场调动气氛、以气氛影响情绪、以气氛融化隔阂感、以接纳改变信任、以信任升华认知，就可以使个体融入整体，由个性变成共性、由共性达成共振，以共振完成大销既定的目标。场与势相互作用、相互推动，实现用户内在的蜕变。场势环境往往决定成果达成的最后一米，也是最初的一米。以场势激发，在信任与认知方面行动，像一只无形的手推动用户从陌生到追随，从推销模式到超级用户关系的自动升级。

人是环境的产物，人的决定更是内外环境的产物。

我们从临、兵、斗、者、皆、阵、列、前、行对场势进行系统论述。

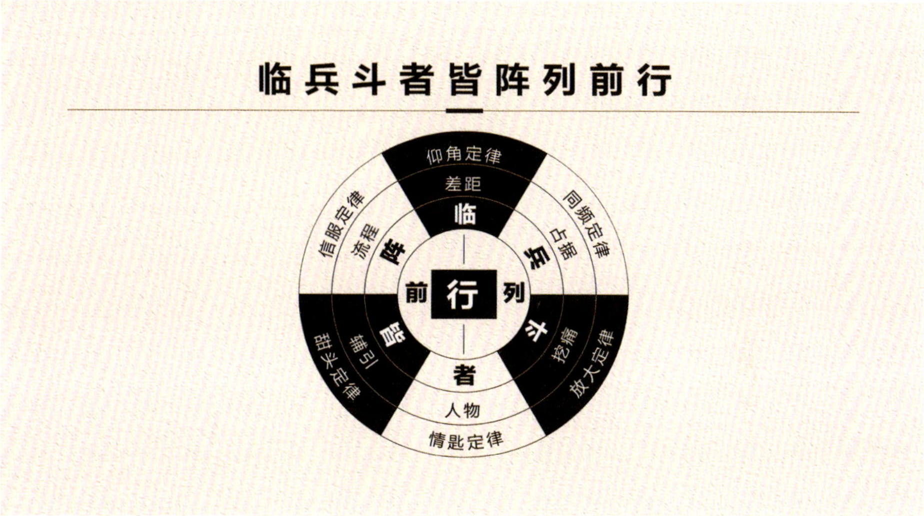

思考题：

（1）如何理解人的决定更是内外环境的产物？

（2）以过往实例对照临、兵、斗、者、皆、阵、列、前、行。

（3）如何理解场势环境决定成果达成的最后一米，也是最初的一米？

第一章 临

临：占据思想高地，创造向往与倾慕。

一、场势对应布局九大要素之差距

大销者以场生势的第一步是塑造高度，占据思想高地，创造与受众之间的差距。这种差距让用户产生或欢喜或放松或崇拜或模仿或冲动等一系列的仰慕、追随行为。其作用是扩张用户规模，激活用户隐性需求，缩短用户购买决策周期，提升产品溢价，放大用户满意度，巩固持续忠诚。

差距来源于背景、地位、生活方式、IP 等。

1. 背景

如历史悠久、底蕴丰富、用户众多、产值背书、资本雄厚、荣誉无数、英雄辈出等。

奔驰汽车是汽车的发明者创立的公司，通用的创始人是伟大的发明家爱迪生，LEE 的创始人发明了牛仔裤，同仁堂已经拥有 300 多年的历史，世界上每卖三瓶辣酱就可能有一瓶老干妈。

2. 地位

如位高权重、名门望族、德高望重、专业权威、技术创新、社会影响力等。

3. 生活方式

大销者表达了一种令人向往的生活方式，并以此创造与用户之间的距离。他们常常做了你想做又做不到的事情，而当用户消费了他们的产品后，似乎每个用户在潜意识里就体验了那种生活方式的真实感。

4.IP

如文化独特、主张鲜明、理念创新、专属唯一、辨识度高等。

二、场势对应布局九大定律之仰角定律

仰角定律是指用户的敬仰和倾慕程度由大销者塑造的差距所左右，差距来自高点营造，高度决定仰角。

大销者在场势布局中先占据制高点，通过高点营造以及自身产品差异化形态的传播，或缔造某个场景、某种氛围，让用户敬仰、倾慕。深挖产品的正向积极内涵，以价值切合用户的需求，进而轻而易举地、如猛虎下山般地推广和销售产品。类似的案例不胜枚举，在敬仰和倾慕的状态下，用户的购买行为更多地表现为心理上的享受。

仰角定律的表现形式为：从高点出发，不只是从产品特点出发，更是从背景、地位、生活方式、IP 等高点出发，凭借隐形的光环，实施降维打击，以场生势，居高临下，势如破竹。

例如在西方用户眼中，劳斯莱斯是贵族车的象征，1925 年推出的超长型幻影就被英国女王确定为专车，并作为接待外国元

首的开道车。1847 年诞生的卡地亚珠宝，不仅代表着阶级、财富、高贵和品位，还是美丽和永恒的象征。法国的拉菲红酒在 14 世纪已经相当出名，现已成为世界上最贵的红酒，每一瓶都创造着独一无二的商品价值。对于多数人来说，DIOR（迪奥）是梦寐以求的品牌，更是和别人产生距离感的绝密武器。

因此，奢侈品无形的高度往往大于其可见的实用价值，它们是富贵的象征，彰显美感，创造个性化，拉开与大众的距离感，在历史文化认同、顶级品质代表等很多方面改变了用户的价值观。对于奢侈品的创造者来说，他们都是真正的大卖手，从而影响了社会。

三、临

临者，明高处所在，悟人性本来。

临者感悟自然、感悟天地、感悟“人往高处走，水往低处流”之真髓。

高与低、进与退、升与降、上与下。

阻力向下，本性向上。

思考题：

（1）你是如何应用仰角定律的？

（2）从地位塑造的角度列举五个成功的商业案例。

（3）以生活方式创造差距在你的企业应用中如何落地？

（4）IP 对你的消费产生影响的有哪些品牌？

第二章　兵

兵：兵器，销售的至上之器，即以共振占据用户心智。

一、场势对应布局九大要素之占据

大销者以场生势的第二步，就是以同频共振占据用户的心智。心智模型是一种外在事物映射在人的心灵之上而形成的内化模型定式，是一种隐含在我们内心深处的思维方式和思考观念，它的改变能够直接或者间接影响用户的行为。

一般来说，只靠产品卖点诉求并不能真正占据用户的心智，只有与用户实现同频共振才能真正嵌入用户的内心。

二、场势对应布局九大定律之同频定律

《素书》有云："同志相得，同仁相忧，同恶相党，同爱相求，同美相妒，同智相谋，同贵相害，同利相忌，同声相应，同气相感，同类相依，同义相亲，同难相济，同道相成，同艺相规，同巧相胜。此乃数之所得，不可与理违。"

占据用户心智的同频共振的表现形式为：

同频：

（1）共同的价值主张。

（2）共同的理想。

（3）共同的族群。

（4）共同的利益。

（5）共同的志趣。

（6）共同的技艺。

（7）共同的境遇等。

以共同价值主张为例。中国移动、中国联通展开了用户争夺大战。在学生卡市场，中国联通在哈尔滨工业大学推出了第一张学生卡，针对年轻群体推广 BREW 业务，在哈尔滨市风行一时。但 3 年以后，中国移动推出“动感地带”，凭借周杰伦一句“我的地盘我做主”，在全国拥有了年轻群体市场的绝对占有率，即便中国联通后来推出“UP 新势力”也未能挽回局势。在高端用户市场，CDMA 以清晰、绿色、健康迅速占据该高地，但随之而来的是中国移动的“信号好才是真的好”，广告铺满大街小巷，最终实现完胜。

以共同族群为例，如华为的“花粉会”、Jeep 的牧马人汽车俱乐部。星巴克在 2008 年上线了一个网站——My Starbucks Idea，5 年内该网站收到了超过 15 万项 Ideas（建议），共 277 项建议被采纳，而最近几年，每天都有超过 70 项建议被采纳，登记了信息的投票用户超过 200 万，这些投票人都是它的共同族群。

共振：

（1）思想教育。

（2）游戏互动。

（3）协同研发。

（4）潜能训练。

（5）声光电影。

（6）联合倡议。

（7）特型案例。

（8）挑战记录。

（9）创造节日。

以思想教育为例。罗振宇的跨年演讲“时间的朋友”与“得到”App通过教育达成与用户的思想共振，助力罗辑思维公司成为中国知识服务商和运营商第一品牌。同时，该案例入选时代影响力中国商业案例TOP30。

以协同研发为例。小米社区高峰日访问量达几千万人次，小米每月都有线下“小米同城会”，独创了应用互联网模式开发手机操作系统，60多万发烧友参与了进来，对小米手机进行开发改善，同频共振，不销而销，从而使其在智能手机领域异军突起。

三、兵

兵者，琴瑟和鸣，由临而进。

初销者如龙虎初啼，含争斗之意；大销者当潜居抱道，同频温养，浩浩荡荡，共振共鸣。

上兵伐谋，其次伐交。

思考题：

（1）分析自己的价值主张如何与用户同频。

（2）请以思想教育达成同频共振为主题，拟定你所在企业的销售创新。

（3）飞鹤奶粉与20多家单位共同倡议中国宝宝日，如何与中国妈妈达成共振?

（4）列举三个与用户达成共振的商业案例。

（5）你的企业如何应用社群的方式实现销售突破?

第三章　斗

斗：战斗，斗争。

斗争的对象是用户的隐性需求；斗争的目的是挖掘痛点、放大痛点，获取与痛点放大后等值的购买额度或频次。大销者以场生势的第三步，就是用痛点制造用户受众内场。

一、场势对应布局九大要素之挖痛点

痛点，多数时候是指尚未被满足而又被广泛渴望的需求。挖痛点就是针对目标用户找到这些痛点，并且以“挖”的方式将其人为地放大。

挖痛点的作用有：

（1）将隐性需求转变为显性需求。

（2）将显性需求转变为刚性需求。

（3）将刚性需求转变、放大为非理性需求。

（4）将未来的需求转变为即刻就要的现实迫切需求。

（5）将用户的一般满意转化为非常满意。

让用户感觉买你的产品会兴奋或愉悦，相对的，购买竞争对手的产品或服务就会后悔或者难受、不满。

找痛点是侵入式的。

你“侵入”到用户立场中，和用户的角色在同一个时间点、同一个空间点、同一个节奏点、同一个思考点、同一个情绪点时，就会读懂用户的需求底层构架和内心逻辑。痛点分为八点：萌点、笑点、爽点、耀点、泪点、卑点、忧点、危点。真正挖掘到塔尖上的痛点，就会形成痛点共鸣，产生爆销。痛点共鸣才有可能产生卖点输出。很多产品卖不出去，是因为没有产生痛点共鸣，也没有产生痛点输出，所以不可能大卖。

挖痛点是强化式的，把痛点共鸣挖到极致是社会各行业蓬勃发展的共性。

例如，房地产行业放大了四个痛点。

（1）农耕思维，有屋又有田，有房才能结婚。

（2）有学区房，孩子才能获得接受好的教育的机会。

（3）房价会一直上涨，不买房资产就会贬值。

（4）房子越豪华、越大，就越有面子等。

又如，早教行业放大了四个痛点：

（1）孩子不上课外班，就会输在起跑线上。

（2）别的孩子能得到的，我的孩子也一定要得到。

（3）多才多艺的孩子才是好孩子。

（4）花在孩子身上的投资才是一个家庭对未来最重要的投资。

再如，奢侈品行业放大了四个痛点：

（1）用奢侈品即时尚，不用奢侈品即土鳖。

（2）奢侈品是生活水平与社会地位的象征，是成功与不成功的标志。

（3）用奢侈品才是真正享受生活。

（4）奢侈品解放了年轻人的天性。

二、场势对应布局九大定律之放大定律

放大定律是指用户的痛点被放得有多大，他们为解决痛苦付出的购买代价就有多高。大销者善于读懂用户的需求底层构架和内心逻辑，从而洞察痛点。更重要的是，放大可以强化用户对痛苦的感知和对幸福的期望，并以此作为提升用户购买规模的重要手段。

放大定律的应用主要表现为六个层面：

（1）舆论的应用。

（2）痛点的延伸、扩充、推理、对照、刺激。

（3）预设结果的心理暗示。

（4）加大不美好的负面效应，宣导得到美好的轻而易举。

（5）以新理念颠覆旧理念，否定用户过往的认知。

（6）树立标杆，追随榜样，并扩大用户与榜样之间的鸿沟。

在日常生活中，我们不断被挖痛点并在不知不觉中被无限放

大。在这个世界上，每个人都是痛并快乐地存在着。

三、斗

斗者，拈花飞叶，饱和攻击。

斗者，痛也。痛定思痛，天高地阔。

战斗没有危险，胜利就没有荣耀。

使我痛苦者必使我强大！

思考题：

（1）作为行业领导品牌，如何通过社会痛点的放大提高本行业的渗透率？

（2）你究竟解决了用户的什么痛点？

（3）该如何以放大定律放大企业用户的痛点？

（4）你是否已读懂用户的需求底层构架和内心逻辑？

第四章 者

者即人物，形容拥有知晓人心、影响人心能力的人。人对人的知晓才是最真的知晓，人对人的影响才是最大的影响。大销者以场生势的第四步，就是以人物达成与用户的情感链接。

一、场势对应布局九大要素之人物

人物即意见领袖，他们可以通过所戴光环破除坚冰，改变用户对企业的判断，并达成情感上的交融。用户对于所倾慕之人往往容易进入感性判断的状态，因此场势构建以人物融场、以情启势，或幻化或借助，可以实现知晓人心、影响人心的目的。

人物包括领袖、思想者、权威人士、专家、明星、家人、朋友、知己、分享者等。

二、场势对应布局九大定律之情匙定律

情匙定律是指只有当用户的情感对你完全开放的时候，用户才能接纳你释放的全部信息，此时的沟通与交流才是真实有效的。在此情形之下，感同身受，你的决定即我的决定，我的决定即你的决定。我们把这一刻定义为“情匙开锁”。在大销中，唯有遵循这一定律，才能创造同频共振的条件，在共鸣和感动中迅速达成预设的结果。情匙定律包括情匙开锁、情感引发和因情生绪三个部分。

1. 情匙开锁

普通销售者只关心自己的目标而不是用户内心的情感诉求，而大销者可以借助或化身为万千人物，即可以化身为某业界领袖、思想者、权威人士、专家、明星、家人、朋友、知己、分享者等，目的在于解决沟通困扰，建立情感链接，拿到情感钥匙。

情匙开锁以后，大卖手进入用户的内心世界，触碰用户内心深处的柔软，与用户之间的情绪、情感相互交织，融为一体。情感是其高端购买行动的核心动力系统之一。情感如同水一样看似

柔弱，却无处不流、无坚不摧。《道德经》第四十三章有云：“天下之至柔，驰骋天下之至坚。”当你真心地付出某种情感时，用户就会升起一份感情债，不仅现在会以购买的形式来还债，在未来如果有机会还会来还这笔债。在情感高端消费时代，用户购买商品所看重的已不是商品数量的多少、质量的好坏以及价格的高低，而是映射出一种感情习性反应。

2. 情感引发

大卖手和用户之间的沟通与交流，会在其内心产生一种特殊的心理活动，仿佛火花点燃用户潜意识里未被满足的情感诉求。由于长期的生活积累、思想积累、知识积累，每个人都形成了自己对客观外界的一切社会现象及人、事、物等的主观认识和独特感受、牵绊，这些储藏于脑、郁积于心，形成表面平静、内在激越澎湃的情感流。情感引发就是要打开这道闸口，让它奔泻而出。情感引发建立在情感的孕育或情感的积累达到一定程度的基础之上，既有必然性，也有偶然性。一般来说，大卖手首先应打开自己的情感阀门，让情感流淌，用“我”的情绪形成“你”的环境。大销者以人物角色转换，调控自己及对方的喜、怒、忧、思、悲、恐、惊七种情绪。大销者熟知沟通中的火花因何而生、因何而燃、因何而燎。

3. 因情生绪

情绪大致可以分为两大类，一类是乐观的，一类是悲观的。乐观、积极的情绪使人愉悦，消极悲观的情绪使人沉闷。情绪与需求之间有着密切的联系，情绪影响并主宰着行动。

大销者善于进行情绪的转移，不单单满足用户表层的需求，甚至能让其情感流动与宣泄，从情绪中让人依随、依靠、依赖、依存。情匙定律、情感引发往往从人文关怀出发，更能基于帮助用户实现更加美好生活的发心，满足用户的深层精神需要，收获友谊，成就彼此。

情与绪是无形的场势。

三、者

者者，无形之势也。

与此当明无内无外，彼此如我，我如彼此，全同一理，不可躁进、不可强求，当温养自然。花非花、雾非雾。谁是我？我是谁？无分彼此，者是我，又非我。

思考题：

（1）意见领袖如何炼成？

（2）列举你与重度用户达成情感交融的案例。

（3）如何理解“大卖手首先应打开自己的情感阀门，让情感流淌，用‘我’的情绪形成‘你’的环境”？

（4）如何找到用户情感流？

（5）如何用“忧、思、惊”三种情绪组合让用户情感燃烧？

（6）如何通过情绪打开用户情感闸口？

第五章 皆

皆即全部，表现为自由支配用户，靶向引导接洽的辅引。

大销者以场生势的第五步，就是以辅引附加利益，诱导用户产生盲从购买的行为。

一、场势对应布局九大要素之辅引

辅引即以辅助的销售要素达成突破，将用户对产品本身的焦点转移到能否获取额外的利益上，从买与不买变成参与不参与，由此形成风潮，建立群体效应，进而引发从众购买行为。当个体受到群体的影响时，会怀疑并改变自己的观点、判断和行为，朝着与群体大多数人一致的方向变化，形成一致的趋向。

辅引包括展示、体验、分享、预购、抽奖、赠券、拼团、竞赛、组合等。

二、场势对应布局九大定律之甜头定律

“将欲取之，必先予之。”甜头定律就是用低成本的投入让用户获得附加利益，引导用户从当下的存在状态转移到大销者预设的存在状态，尤指用户关注点的转移。

甜头定律的表现形式为：用户低门槛、低成本体验；以附加利益诱导用户产生盲从购买行为；销售场景进行靶向互动式切换。

（1）用户低门槛、低成本体验。如家乐福超市每日推出特价商品；护舒宝免费派发体验装，建立用户使用习惯；肯德基不断派送优惠券；小米从手机发展到小米生态；如家酒店首住补贴；等等。

（2）以附加利益诱导用户产生盲从购买行为。如微信以红包令用户绑定支付、滴滴出行补贴、拼多多组团砍价、瑞幸咖啡买一送一、美团优惠等。

（3）销售场景进行靶向互动式切换。如淘宝“双十一”购物节、地产楼盘摇号销售、啤酒瓶盖上的“再来一瓶”、车展试乘试驾、艺术品拍卖等。

三、皆

皆者，助澜蜂拥。

同声相应，同气相感，如春阳融雪、润物无声、悄然植入，活泼泼、圆融融，预置则功、用之则成。

思考题：

（1）写出自己曾经成功运用的十个辅引。

（2）你的企业用户感到最实惠的甜头是什么？

（3）如何将附加利益进行延展？

第六章 阵

阵指的是中国古代作战非常讲究阵法，即作战队形。布阵得法就能充分发挥军队的战斗力，通过合理排兵布阵发挥最佳效能，克敌制胜。大销者以场生势的第六步，就是以销售流程与仪式实现效率最大化。

一、场势对应布局九大要素之流程

销售流程是指销售人员对用户所开展的一系列有逻辑、有层级、有分工、有协作、有分段、有绩效控制、有接触点的群体系统性销售活动。

销售流程包括售前信息传递、售中接触点（低弹引流、中弹黏性、高弹溢价深挖）、售后循环开发。

仪式是指面对受众群体，为了达成某种结果的行为准则。

仪式包括企业盛典、团队展示、启动形式、卖手出场、专业表达、产品揭幕、郑重承诺、颁奖授牌、师承文化、团队 PK、礼仪礼节等。

二、场势对应布局九大定律之信服定律

信服定律是指当用户对初级产品认同，或对某种仪式全然相信之时，最后的延伸销售就会水到渠成。

信服会萌发一种心理，这种心理超越了相信，是一种听从并接受的心态。这种心态犹如心理价值传递的平衡器，它能帮助用户保持某种内心的选择，并能防止其偏离选定的轨道，进入其他误区、盲区。

信服定律包括与用户建立信任、超级用户、用户的自我认知三个层面。

（1）与用户建立信任。

前文讲过，场势环境与业务流程的接触点往往决定用户成果达成的最后一米，也是用户建立忠诚的最初一米。接触点与场势环境振奋，使用户产生信任与认知，而信任像一只无形的手推动用户从陌生到追随、从推销模式到超级用户关系的自动晋阶。只有信任升级了，认知才会发生改变；认知改变了，才能重新定义关系。信任建设在大销中具有非凡的重要性。销售流程的全过程与企业团队展示、颁奖授牌、企业承诺、礼仪礼节等都能向用户传递信任。一旦建立深层信任，用户就会愿意接纳你而不存有任何怀疑，愿意购买你的所有产品而不会想它有用没用，愿意分享你的优势而不求回报，愿意努力帮助你而不问原因。

如何对用户进行信任建设？一般来说，有十个维度、四个原则。

①十个维度：建立权威、找到共通点、增加接触点、感受初级产品价值、形成彼此隐私、建立共同利益、不断关怀、背景取势、公众见证、建立共同目的。

②四个原则：平易不装的原则、真诚坦荡的原则、言出必行的原则、持续付出的原则。

（2）超级用户。

“超级用户”成为2018年互联网的一个热词绝非偶然。超级用户背后所蕴含的商业价值，为破解存量竞争找到了答案——创造竞争优势和增量价值。《超级用户》一书的作者爱迪就曾表示，在用户总数中，超级用户仅占10%，但他们能够将销量拉升30%~70%；和普通用户相比，超级用户愿意在产品上花更多的钱。此外，超级用户对企业有超级的信任链接和与众不同的认知，在公司业务向外延展的过程中，超级用户可以更快地跟上步伐，在产品矩阵中实现复制和延展。同时，他们因追随而自动产生裂变。超级用户是企业最忠实的拥趸，他们对喜爱的企业产品如数家珍、娓娓道来，对于中意的企业的新品发布、开幕盛典、专业表达、产品师承文化等有着狂热的参与热情。

（3）用户的自我认知。

人脑接受外界输入的信息，经过头脑的加工处理，转换成内在的心理活动，进而支配人的行为，这个过程就是信息加工的过程，也是自我认知的过程。

大销之场势的顶点就是用户自我认知的改变。人常常通过认知改变自我，因此增强用户自我认知的能力来看清生命的本真，“创造出属于自己的人生价值，萌发一种具有高度责任心的自我反省，将自己的觉悟注入行动中，决定未来的生命方向”，是大卖手对用户进行认知干预的高阶修炼。拿破仑说：“我才是自己最大的敌人。”

用户自我认知可以从五个步骤来干预和重建：

（1）以证据链动摇原有的认知。

（2）提供一个概念体系，以替代原来的认知。

（3）实现用户的新知默化。

（4）树立新的参照坐标。

（5）以文化仪式进行长期激励与固化。

总之，布阵所构成的由场生势会在特定的时空里激发更高层次的物质需求与精神需求。布阵所释放的信息流、能量流、情绪流、意识流对用户购买行为来说，不仅有一定的影响，而且起到决定性的影响。

三、阵

阵者，虑周藻密，仪式堂堂。

浮华当云烟而过，万物有而神不惑。入眼而不迷，入耳而不惑，入口而不味，入鼻而不嗅，触身而不坠，入神而不思。

思考题：

（1）详细拆解你的销售流程。

（2）如何创造本企业的超级用户？

（3）如何改变用户的自我认知？

（4）举例说明信服定律。

第七章　列

列：列入，即将要素列入特定场景之中。

大销者以场生势的第七步，就是以场景设置给用户强烈的心理暗示与刺激，进而隐性规划用户未来的进阶与发展，对用户的购买过程和购买心理产生巨大影响。

一、场势对应布局九大要素之场景

用户需要的地方即是场景。

人的大部分需求其实都是和具体的场景直接相关的。不同的场景会激发出用户不同的心理状态，让用户表现出不同的自我，进而产生不同的需求动机。不仅如此，好的场景更能对用户进行强化刺激，让用户进入某种心理状态，给予用户及时的心理反馈，从而启动用户的行为链条。

场景的强度完全可以突破心理的强度，而这种强度可以通过列入各项要素来进行把控。

二、场景列入的要素

场景列入的要素一般有天时、地利、空间、习俗、季节、氛围等。

以天时、地利为例。旅游行业除了应用空间场景以外，更加入了时间场景，主要抓住了六个重要时机进行大力度推广——黄金周、寒暑期、春节、蜜月、夕阳红、海外求学等，并以大量体验互动式购物的场景构建主要的赢利模式。

以氛围为例。通过特定场景的设定与布置，定向激发用户的欲望，在积极参与之中消融壁垒，主动购买。

场地氛围包括高贵、庄严、深省、可信、温暖、浪漫、放松、快乐、欢腾、鼓舞、生机、艺术、时尚、火爆等。如米兰的乔治阿玛尼博物馆；如把“神庙、海滩、森林、火箭”搬进大秀，Chanel秀场只有你想不到的，没有它做不到的；如时尚芭莎慈善晚宴；如场面壮观的保健品会议营销；等等。

三、列

列者，化境。

其巧妙，其功深，其幻化，其无穷。

乍现，心已虏。

思考题：

（1）说明本企业的销售场景设计。

（2）思考 Chanel 秀场对自己的启发。

（3）以习俗为例设计本企业的销售场景。

第八章　前

前者，工具为先。

大销者善用工具，在临、兵、斗、者、皆、阵、列中以器育场，以场催势，工具先行，提升效能。

一、场势对应布局九大要素之工具

工具是助力销售以场成势、销售管理决策、销售工作执行，能直接促进销售达成所需用的物件，也可引申为推动、达到或完成某一结果的手段。其不仅能够拉伸助销强度，而且能协助企业实现销售事务体系化、销售行为标准化的规范和统一。凡大销者，皆有自己最擅长使用的工具，甚至人具合一。

工具的应用，掀起了一场推动商业进步的革命。

二、工具的五大类别

工具有教具、道具、惊具、介具、感具等。

（1）教具。

例如，令人瞩目的苹果上市发布会，带动苹果产品在全球热销，俨然成为所有智能手机推广的标准操作；儿童玩具出售往往以电影或者动画片作为前导；售楼中心的沙盘与样板间把楼盘的卖点和功能囊括其中；农夫山泉的自然水实验；“口红一哥”李佳琦一次直播涂抹了380支口红，5分钟售出15000支口红；等等。

（2）道具。

例如，手机中各类功能性App；迪士尼乐园花车游行和工作人员的角色扮演；直销企业销售中的各种检测设备；厨具销售的现场实操演示；宜家家居的卖场生活场景化；保险公司的用户分析表、标准话术手册；等等。

（3）惊具。

例如，“维多利亚的秘密”每年发布的百万美元级的天价梦幻胸衣；埃隆马斯克的火星移民计划；迈克尔·杰克逊第一次跳出的太空舞步燃爆全场；2008 年北京奥运会担任火炬手的李宁飞身一跃，使李宁公司的产值在第二年攀上顶峰；各行业会议营销现场产生震撼性效应的事物；等等。

（4）介具。

例如，杜蕾斯的社会化营销新媒体运营；京东白条；医学美容分期贷款；淘宝的芝麻信用；江小白高举温情主义大旗，把自己成功变成了情绪饮料；会销中的抵值与抽奖；等等。

（5）感具。

例如，航空公司及星级酒店针对高端用户的增值服务；抖音美化软件的应用；车展的美女效应；名山大川道场的神秘古迹与文化仪式；企业团队风采展示；等等。

三、前

前者，先手也。

工欲善其事，必先利其器。

夜战多金鼓，昼战多旌旗。

八仙过海，各显神通。

思考题：

（1）请列举四个曾让你内心产生震撼的惊具。

（2）为本企业设计一套完整的教具系统。

（3）梳理和创新属于本企业的介具吗？为什么？

（4）请做一套道具、惊具、介具、教具四具组合的场势大销。

第九章 行

行：行云流水，自然流畅，不受约束。

一、场势对应布局九大要素之无矩

无矩是指由外在环境带动内在心理场，场与势交相辉映，成为大卖手的成交引爆利器。大卖手往往都是造场与运势的专家，他们能自如运用规则，强场、强势。场强、势强可显示大销能级，是明显区别于普通销售行为的外在段位标志。以场生势，最终无矩——布局或分或合、或大或小、或轻或重、或虚或实、步步为营。

攻城为下，攻心为上。

大销者以场生势，在用户的心中牢固树立了敬仰感、热爱感、渴求感、依赖感、追随感、信服感、融入感、互动感、满足感，并循环强化。

势的趋向有强有弱，时隐时现，或浓或淡，忽快忽慢，层层递进，九步生莲。

场生势，势的趋向源于造场。

好发心是场势的源起。

好产品与好服务是场势的基石。

先有大格局，后有大销。

二、行

行者，纵横也。

行者无矩，云卷云舒。鱼龙潜渊，天马行空。

临、兵、斗、者、皆、阵、列、前、行，九式合一，止戈为武。

思考题：

（1）请尝试用临、兵、斗、者、皆、阵、列、前、行设计一套大销场势系统。

（2）为什么说好产品与好服务是场势的基石？

第八篇

量生能

总论　量能光谱

量生能。

能无界——无求，大爱，超我。

先有大格局，后有大销。只坚持方法论，没有赋能，一定成不了大卖手。

成大事者始于量，海纳百川，有容乃大，大销者必有大格局。格局从根本上决定了一个大卖手的能级。

能级的高低可以通过三个维度进行量能光谱扫描，这三个维度分别是无求、大爱、超我。以无求找到力量，以大爱找到勇气，以超我找到使命。无求、大爱、超我共同构成能级的最高级别，即喜悦。

量能光谱

第一章 君子不器

朴散则为器，固君子不器。

当下我们将销售分级，将古代人分级。

贵族称为君子，庶民称为小人；地位较高的人称为君子，地位相对低的人自称“小人”。庶民百姓、地位低的人要有一技之长，用以谋生，故追求“成器”；而位高权重的贵族所追求的不是“成器”，而是“成大器”。

“器”分大小，小器小用，大器大用。所谓“君子不器”，是说地位高的人不急于成为某一方面具体的小用之器，而是要努力成为齐家、治国、平天下的大用之器，故有“大器晚成”的说法。“君子不器”之说，实为追求的境界不同而已。

今天，我们在大销的领域里追求君子不器，要求大销者不拘泥于形式、教条，不断跨界去领悟销售之道。大销者需心怀天下，而不应像器具那样，销售功力仅仅限于某一维度。器者，形也，有形即有度，有度必满盈；满盈则不得寸进，存未尽之功。故君子之思不器、君子之行不器、君子之量不器。

“意”为大销者的意识、行动和格局都没有边界，极思无涯。销售境界无限，一步一印谓之有形，一饮一啄缘于知守。

一、知其白，守其黑，为天下式

大销者有着丰富的同理心和深刻的自律性。

大销者知道什么是光明洁净，却甘居灰暗的地方。大销者明白是非对错，但外表要装得愚钝，对世俗之流不赞美也不批判，微笑处之。大销者与人为善，态度谦卑，从不随意出风头，深沉厚重。

下围棋讲究“知白守黑”，就是要纵观全局，立足一处。传统的水墨画讲究的是白与黑达到一种平衡、和谐的境界，把握虚实，运黑为白。低调做人，极力韬光养晦，默默实修善义，不务虚名，此为“知其白，守其黑”，为天下式。

二、知其雄，守其雌，为天下溪

一般为雄者，多强大。简单来说，雄者即有能力或者有钱有势的人。而真正有智慧的大销者却极力趋于平淡，以雌达雄。大销者有一颗平静的内心，有一副慈悲的心肠，有一个智慧的头脑。大销者经历过狂风暴雨，体验过高山低谷，也见识过世态炎凉。没有在长夜里痛哭过的大销者，不足以谈论人生。弱者易怒如虎，强者平静如水。世间最强大的力量都是柔软的。

大销者以柔软、谦和的姿态行走于世间，反而使众人归服。

达到真正的强大是“知其雄，守其雌，为天下溪”。

三、知其荣，守其辱，为天下谷

大销者对原则与底线寸步不让，心里始终装着别人。

不与君子争名，不与小人争利，不与天地争巧。

大销者明知什么是光辉、荣耀，却甘于坚守卑微的岗位。具备深邃的德行才会自在圆满，归于最自然质朴的状态。能忍常人不能忍之辱，默默积蓄力量，胸怀宽广，总有出人头地的一天。三年不飞，一飞冲天；三年不鸣，一鸣惊人，谓之“知其荣，守其辱，为天下谷”。

光明与黑暗、强大与柔软、荣耀与耻辱，一幅幅光影此起彼伏，恰如天道轮回，盛极必衰、衰极必长。

要坚强，世界上没有比人更高的高山；

要善学，三人行必有吾师；

要行动，空谈误国，实干兴邦；

要思考，不随意指责，不乱加抱怨；

要专业，不断提炼并践行成功的逻辑，宽以待人，用心处世；

要忠贞，背负该背负的责任，爱该爱的人；

要共好，要想天下之所想，为君子之所为。

君子不器，幸福都是奋斗出来的。不管你现在处境如何，不管你处于销售的哪一个段位，生命不息，奋斗不止。每天进步一点点，认真对待你所承诺的事情，少说空话，多做实事，就是生命最质朴的价值所在，你就会成为最好的大销者。

君子不器，走好选择的路，别选择好走的路。

大销者心中，哪里都是江湖。

第二章　喜悦方程式

喜悦方程式：

喜悦＝无求 × 大爱 × 超我（无求：100+100+…+100；大爱：0 ~ ∞；超我：0 ~ ∞）。

喜悦是一种发自内心的情感，是一种清澈明确的内心感觉。

喜悦是自我确认的标志。在没有找到喜悦之前，你是迷失的，是缺少勇气的，是没有力量的，是不快乐的，是难以持续的。而一次次地通过成就别人来获得喜悦，就可以在过程中享受量能的滋养。

爱出者爱返，福往者福来。

以喜悦之量能温暖遇见的每一个人，并以每个人的喜悦来温暖自己，则大销能级无限生发，潜滋暗长。

大销者力大无穷，而其真正的力量一定来自高尚的人格。

无求，大爱，超我。

见人有得意事而生喜悦心，乃大销者之本。

喜悦，大销内修之核。

第一节　无求

无求，无欲则刚，凛然生勇。

普通销售人员始终以技法为宗旨，沉迷于一招一式中，终身循环，不得突破。而大销者的炼成必从量能内核进行深造与飞跃，用“利他”明灯觉照初心。勇者发怒，抽刃向更强者；怯者愤怒，抽刃向更弱者。真正的大销者以正念初心为核，内核坚硬果敢，兵锋所指，所向披靡。

所以无须害怕障碍，其实障碍也害怕你。大销者以正生量、以量生能，以能化勇、以勇消碍，以无碍树信仰、以信仰成大销。

1. 量能公式

量能 = 初心 − 障碍。

2. 十大初心正能量级别

慈悲 > 使命 > 大爱 > 幸福 > 美好 > 助人 > 感恩 > 成就 > 喜乐 > 富足。

3. 十大障碍负能量级别

羞愧 > 欲望低 > 恐惧 > 贪念 > 虚伪 > 惰性 > 骄傲 > 感受强 > 吝啬 > 得失心。

壁立千仞，无欲则刚。初心无所求，即无所不有。

真正的障碍不是外在，而是内在，恐惧即障碍。商战中的一切行为都必须从利他之心出发，光明正大，磊落豪雄。视用户信仰为自身的信仰，唯不忘初心，方得始终。

凛凛人如在，谁云销已亡？

心无所求，勇敢无畏。

高峰之上，大销者勇于超越更高峰。

思考题：

（1）通过力量公式找到自己的力量级别。

（2）分析自己的成长历程，寻找自己的障碍投射点。

（3）你的初心是什么？

第二节　大爱

大爱，自爱者有力，爱人者强。

张爱玲曾说：“因为懂得，所以慈悲。”

“相看两不厌，只有敬亭山。”当你的目光与用户两两相对时，他们能读到什么？是否有大爱在自然流淌？用户是否有温暖、祥和、安静、慈美的感知？用户从这种目光里，是否也判读到一种爱自己的力量，并用自爱的力量填满每一个期望，链接自己的生命，修复往昔的创伤？

“老吾老以及人之老，幼吾幼以及人之幼。”要散布阳光到别人的心里，自己心里先要有阳光。作为大销者，必须有能力感知爱、接受爱、传播爱。用户用逻辑来思考问题，但使他们采取行动的则是感情。热爱产品、热爱职业、热爱用户，把每一个用户的面庞都幻化成自己亲人的模样，是销售人员进阶大销者的必经之路。打开自己所有的引擎，拥有爱，就拥有了突破创新的力量。

士不可不弘毅，任重而道远。大爱可以给予生命无穷的力量，很多大卖手发展到一定程度就遇到瓶颈，是因为爱力不足，找不到内生之力。当你充满自信、无比坚定时，一定是爱的力量在做你的坚强后盾。爱，是唯一真实的力量源泉！

因爱而生，为爱而变。

爱是自然界中如宇宙般无限的力量。

如果爱，请深爱。

第三节　超我

超我，使命加身，内圣外王。

弗洛伊德于1923年在《自我与本我》中提出“超我”的概念。

本我：快乐。

自我：现实。

超我：理想。

本我、自我和超我之间不是静止的，而是始终处于冲突—协调的矛盾运动之中。格物、致知、正心、诚意、修身、齐家、治国、平天下是内圣外王的核心，在层层递进中趋向光明。销售者要在运动和冲突中拥抱变化，与时俱进、与时偕行。

1. 本我（Id）

位于潜意识中的本能、冲动与欲望构成本我，它是人格的生物面，遵循“快乐原则”。生命是一团欲望，欲望不能满足便痛苦，满足便无聊，人生就在痛苦和无聊之间摇摆。大多拥有辉煌人生的人，其实都是欲望的囚徒，此为量小。

2. 自我（Ego）

介于本我与外部世界之间，是人格的心理面。自我的作用是：一方面，能使个体意识到其认识能力；另一方面，使个体为了适应现实，而对本我加以约束和压抑，遵循的是“现实原则”。恪守规矩，成就自我，此为量中。

3. 超我（Superego）

超我是人格的社会面，是“道德化的自我”，它由良心和自我理想组成。超我的力量指导自我、限制本我，遵循“理想原则”。理想高远，目标纯洁，此为量宏。

使命是生命个体存在的意义和理由。量生能的至高境界即为超我，即生命个体明确了自身的使命，明白了活着的意义，明晰了大诚、大智、大真、大爱、大止的本源。纵使疾风来，人生不言弃。大销者使命加身，用量能打破藩篱，用量能融化冰冷，用量能改变世界，用量能打通自己和世界之间的和谐，建立自身与内心的共融。

蓦然回首大销路，飞栈连云是坦途。实现超我之人，量能澎湃，必将达成使命。

和世界相遇，与所有人相聚。

大销者，履行终极使命，丰盈喜乐，不负此生。

第三章　止

止，止于至善。

“大学之道，在明明德，在亲民，在止于至善。”止于至善，是一种以卓越为核心要义的至高境界的追求。

止于至善，上升到人性的层面来说就是大真、大爱、大诚、大智、大止的体现。大销通达者，放下自我，追求超我，是从本我、自我到超我境界的一种升华。

大真，是懂得停止的真，是冷静客观的真，是快乐感恩的真。

大爱，是博大无私之爱，是对社会的责任与担当。

大诚，是立身之本、立业之基，天之道也。

大智，是勇于承认错误，认知本心，沧桑洞悉。

大止，灿烂之极归于平淡，当止之地即至善之所在。

检书烧烛短，看剑引杯长。

学古者昌，似古者亡。

心碍皆是墙，凡墙皆是门。破思维之墙，脱固化牢笼。德足以怀远，明足以照下。

山还是山，水还是水，生命隆重而热烈，大销丰盛而精彩。希望“止”的观念能够知止不辱、知止不殆，止于至善，教化人心。

大销者，有所为，有所不为。

卷 尾 语

当今商业销售进化的趋势，正从单线到“线上 + 线下”，从流量过渡到“流量 + 存量”，从共性到个性，从低端、大规模逐渐走向中高端消费与循环开发。

这种进化主要体现为五个字：精、准、播、场、量。

精：精确地找到目标用户；

准：准确地提供产品与服务；

播：在用户心中播下可以自发生长的种子；

场：构建万物协同的大场景；

量：以量生能，精神共享，达成与用户的共同喜悦。

《大销》这本书，所有系统都来自美美咨询几万次的实战销售策划，更来自对近百位产品经理及大卖手的特型剖析。在此，美美咨询对他们的创新实践及对商业进步的贡献致以深深的敬意。

感谢徐井宏先生、杜家滨先生、黄冰先生、范笠军先生、陈珍荣先生、史蕾女士对美美咨询的大力支持及为本书写序，为本书赋予了巨大的能量。

愿本书能够抛砖引玉，引发感悟，在大销者创造幸福和谐的进程中添砖加瓦，也希望有更多的关于深度销售的书籍不断面世，为那些迎难而上的销售者们插上飞翔的翅膀。

再次致敬大销者！

大销者，注定在冰冷的初春里刀耕火耘。创新的果实将似盛夏般绚烂，芬芳迷人。

大销者，注定在激越的河流里破浪前行。人生的美好，并不在于幸福康宁，而在于波澜壮阔、无限感动。

大销者，注定穿越险途、迎峰而上，抬头就看到自己的下一个希望。

在商业销售进化的道路上，每个大销者都似一个夏尔巴人，背负重担、披荆斩棘。

岁月之河缓缓流淌，夏尔巴人永续前行……

美美咨询思想库丛书总策划　郭秀宽

2019年7月5日